AF356931

LE MARDI-GRAS

CHEZ MOMUS,

FOLIE-VAUDEVILLE EN 2 TABLEAUX,

PAR

UN MOMUS FRANÇAIS,

Représentée pour la première fois au théâtre de Maestricht, le 21 février 1847, à l'occasion du *Carnaval*,

PAR DES AMATEURS DE LA SOCIÉTÉ MOMUS.

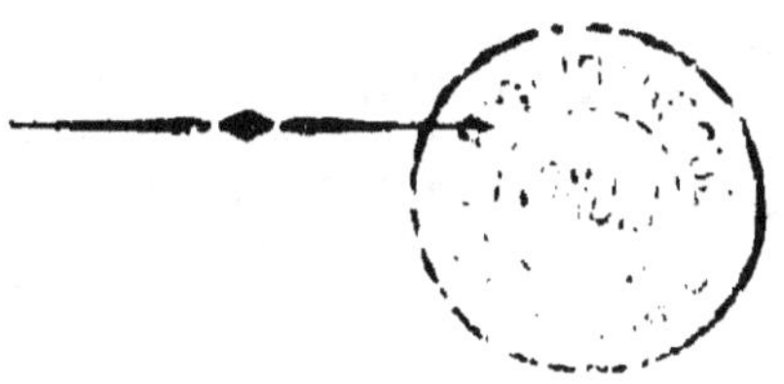

MAESTRICHT,

BURY-LEFEBVRE, IMPRIMEUR-LIBRAIRE.

—

1847.

PERSONNAGES :

GRIPPARD, vieux procureur.
CHARLES, amoureux de la pupille de Grippard.
GEORGES, son ami.
FRÉDÉRIC, clerc de procureur.
TROTTMANN, petit clerc.
WERNER,
HERMANN, } amis de Charles et de Georges.
MOMUS.
Personnages masqués, clercs, etc.

La scène se passe à Maestricht le mardi-gras de 1847.

LE MARDI-GRAS

CHEZ MOMUS.

PREMIER TABLEAU.

Le théâtre représente une étude. — Porte au fond, portes latérales.

SCÈNE I.

TROTTMANN *seul, assis devant un petit bureau, écrivant en chantant.*

« Momus sa marotte à la main... »

Je suis sûr que cette chanson fera beaucoup d'effet'... Je n'ai encore que le premier vers, mais c'est égal... Je la chanterai, ce soir, à la fête de *Momus*... Si toutefois le patron veut bien nous y laisser aller... ce dont je doute fort... car maître Grippard, notre procureur, ne peut pas souffrir les bals... il n'aime que l'argent et la bonne chère... oh' pour ça'... — N'est-ce pas une horreur de nous faire travailler le mardi-gras?... aussi, voilà comme je travaille... (*Chantant*)

» Momus sa marotte à la main... »

Ça va tout seul, le premier vers... mais c'est le second qui m'embarrasse...

SCÈNE II.

TROTTMANN, CHARLES.

CHARLES, en entrant, il est triste. — À lui-même.

Allons, tentons un dernier effort'...

TROTTMANN, cachant sa chanson.

Qui vient là?... (*se retrournant*). Tiens, c'est vous, Monsieur Charles.

CHARLES, préoccupé.

Dis moi, Trottmann ..... où est ton procureur?...

TROTTMANN, se levant.

Il est dans son cabinet..... — Mais comme vous voilà triste, M. Charles! Vous serait-il arrivé quelque malheur?.....

CHARLES, soupirant.

Oh! oui!.... un bien grand!.....

TROTTMANN.

Ah! mon Dieu!.....

CHARLES.

Tu sais que j'aime Angélique?

TROTTMANN.

Oui, la pupille de M. Grippard..... Une pauvre jeune fille qu'il tient en charte-privée....

CHARLES.

Angélique m'aime!... plusieurs fois j'ai demandé sa main à son tuteur, et il me l'a constamment refusée!.....

TROTTMANN.

Je le reconnais bien là! Sait-il compâtir aux tourmens des amoureux?... lui qui n'a d'autre plaisir que celui de la table? Quant à ça, il se nourrit bien!... mais il n'en use pas de même à l'égard de ses clercs..... car, il les nourrit fort mal!... Pendant qu'il se bourre de truffes, savez-vous ce qu'il nous donne, à nous, toute l'année? des pommes de terre!... et des pommes de terre malades, encore!.....

Air : de l'*Apothicaire.*

N'est-ce pas une horreur vraiment?...
Nous refuser le nécessaire!....
Aussi, je maigris, c'est constant!
Et ça *m'aigrit* le caractère!
Combien je maudis ce local
Où j'éprouve une faim extrême!...
Car, chez nous, en plein carnaval, } bis.
Déjà, l'on se croit en carême.

CHARLES.

Je devrais renoncer, je le sens, à tous mes projets de bonheur.... mais je ne puis me faire à l'idée d'être séparé de celle que j'aime; et je viens encore supplier M. Grippard de m'accorder Angélique!.....

TROTTMANN.

Vous avez raison!..... il ne faut jamais se rebuter!... s'il vous met à la porte, rentrez par la fenêtre!... s'il vous jette par la fenêtre, rentrez par la porte!.. et ainsi de suite.. il n'y a pas de danger, nous sommes au rez-de-chaussée.......

CHARLES.

Je vais l'attendre! (*on entend tousser.*)

TROTTMANN.

Vous ne l'attendrez pas longtemps, car le voici!...

CHARLES, avec émotion.

Je ne sais, mais...... j'éprouve malgré moi....

TROTTMANN.

Allons donc! du courage!... (*il court se rasseoir et fait semblant de travailler.*)

SCÈNE III.

LES MÊMES, GRIPPARD.

GRIPPARD, à la cantonnade.

Vous avez entendu, Marianne?.... six côtelettes de mouton pour mon déjeûner......

TROTTMANN , à part.

Qu'est-ce que je disais? toujours la mangeaille....
cet homme-là n'a pas autre chose à la bouche.

GRIPPARD , toujours à la cantonnade.

Vous me servirez avec cela une aile de volaille.....
n'importe laquelle..... pourvu que ce soit du pou-
let..... le tout arrosé de bon vin du Rhin.

TROTTMANN , à part.

Si le patron ne fait pas une belle *plante*, ce n'est
pas faute de *s'arroser......*

GRIPPARD , apercevant Charles.

Il y a quelqu'un ici, et l'on ne me prévient pas?..
(*reconnaissant Charles et avec un peu d'humeur*).
Ah! c'est vous, jeune homme?....

CHARLES , timidement et en le saluant.

Moi-même, Monsieur......

GRIPPARD , à part:

Je devine le motif qui l'amène.... mais il perd ses
pas et sa jeunesse..... (*à Trottmann en regardant autour de lui*). Eh bien! vous êtes seul?...

TROTTMANN.

Oui, M⁰. Grippard.

GRIPPARD.

Et mes autres clercs?......

TROTTMANN.

Ils ne sont pas encore arrivés......

GRIPPARD , avec colère.

Les paresseux!.....

TROTTMANN.

Ecoutez donc, c'est aujourd'hui le mardi-gras, et...

GRIPPARD.

Le mardi-gras, le mardi-gras..... on ne connait pas

ces sottises-là, chez moi !.... (*lui donnant une lettre*) allez jeter cette lettre à la poste !....

TROTTMANN.

J'y cours !.... (*à part*) allons, trotte, Trottmann ! puisque c'est ta destinée (*il sort*).

SCÉNE IV.

CHARLES, GRIPPARD.

GRIPPARD.

Pourrai-je savoir, monsieur, quel est le motif de votre visite ? (*ils s'asseient*) auriez-vous une affaire en litige ?

CHARLES, soupirant.

Ah ! oui ! monsieur !.. et depuis longtemps !..

GRIPPARD.

Voyons... expliquez-moi ça ?..

CHARLES.

Il ne tiendrait qu'à vous que je gagnasse mon procès !..

GRIPPARD, jouant l'étonnement.

En vérité ?.. (*à part*) Je le vois venir !..

CHARLES.

Vous savez si j'aime votre pupille, Angélique !..

GRIPPARD, à part.

Nous y voilà !..

CHARLES.

Je viens encore vous supplier de me l'accorder en mariage ?..

GRIPPARD.

Ne vous ai-je pas fait connaître déjà mes intentions formelles à ce sujet ?..

CHARLES, vivement.

Ah ! monsieur, vous ne serez pas assez barbare...

GRIPPARD.

Barbare, moi ?.. Je suis procureur, voilà tout !

CHARLES, continuant.

Pour faire le malheur de deux amants !..

Air : *de Partie et Revanche.*

Votre Angélique a su me plaire !..
Elle suffit a mon bonheur !..
Plus que jamais, elle m'est chère,
Car elle m'a donné son cœur !
Oui ! je possède aussi son cœur !
Je lui serai toujours fidèle !
Quoique l'amour ait des ailes, dit-on...

GRIPPARD.

Moi je ne connais en fait d'aile
Qu'une bonne aile de dindon (bis).

CHARLES.

Qu'avez-vous à me reprocher ?.. ma famille est honorable !..

GRIPPARD.

Je ne dis pas le contraire...

CHARLES.

J'ai des espérances... un bel avenir !

GRIPPARD.

Je n'en disconviens pas...

CHARLES.

En ce cas, quelle est donc la cause de ce refus opiniâtre ?......

GRIPPARD, à part.

La cause.... la cause..... je la connais, moi.....

CHARLES.

Parlez, je vous en prie.....

GRIPPARD, à part.

Prenons un biais. (*haut*) Voulez-vous que je vous parle franchement, monsieur ?...

CHARLES.

Je vous le demande en grâce !.....

GRIPPARD.

Je vous refuse la main de ma pupille, parce que..... vous êtes... — Faut-il vous le dire ?

CHARLES, vivement.

Oh ! dites ! dites !

GRIPPARD.

Vous êtes... un fou... un étourdi... un écervelé...

CHARLES.

Moi ?..

GRIPPARD.

Vous ne fréquentez que les bals, les spectacles.... oh ! les bals !.. quelle horreur !.... les bals masqués, surtout !... (*avec réprobation*) brrr !... rien que d'y penser, ça me crispe !... ça me...... Il est impossible qu'une femme soit heureuse avec un mari qui danse le galop ou la polka !

CHARLES, stupéfait.

Eh ! quoi ? monsieur ? C'est pour un motif aussi futile que.....

GRIPPARD, se fâchant.

Futile.... futile....

CHARLES.

Oui, monsieur !.... car, enfin, tout le monde va au bal, maintenant.....

GRIPPARD.

Tout le monde ?.... tout le monde ?... M'y avez-vous jamais vu, moi ?.....

CHARLES.

D'ailleurs, si ce n'est que cela, je me corrigerai...

GRIPPARD.

Laissez donc !....

« Chassez le naturel, il revient au galop!... »
mais vous n'avez pas répondu à ma question, monsieur ?... m'avez vous vu au bal masqué, moi, Grippard, procureur depuis deux cents ans — de père en fils ?...

CHARLES.

Non, monsieur... mais qui sait ?... peut-être... si l'on vous invitait.

GRIPPARD.

Jamais !... jamais... au grand jamais !...

CHARLES.

Pourtant si l'on vous priait instamment d'assister à... une fête... brillante... je suis bien sûr que vous vous laisseriez tenter...

GRIPPARD, en colère.

Voilà qui est un peu fort !...

CHARLES.

C'est si séduisant, un bal !...

GRIPPARD.

Est-il entêté, donc ? faut-il, pour vous convaincre, obstiné que vous êtes, vous dire que, si jamais on me surprend à un bal masqué, ma pupille est à vous !...

CHARLES, s'écriant.

Il se pourrait !...

GRIPPARD.

C'est assez vous faire comprendre que, de ma vie, je n'y mettrai les pieds !... car je vous prie de croire que mon intention n'est nullement de vous donner Angélique !...

CHARLES, *vivement.*

Oh ! répétez, je vous en prie ! répétez ce que vous venez de dire : *Si jamais on vous surprend...* ou plutôt, attendez ! attendez !... voici vos clercs !... (*à part*) il est bon de prendre ses précautions.... avec un procureur.....

GRIPPARD.

Ça m'est bien égal !... je le proclamerais devant l'univers entier !....

SCÈNE V.

LES MÊMES, TROTTMANN, FRÉDÉRIC, PLUSIEURS CLERCS.

LES CLERCS.

Air : *cuisinière jolie.*

Accourons à l'étude,
Sans perdre un seul instant.
Mais, comme d'habitude,
Accourons.... lentement.

GRIPPARD.

Ah ! vous voilà, mes clercs ?... c'est fort heureux.

CHARLES, *aux clercs.*

Vous arrivez à propos !...— M⁰.Grippard, veuillez, je vous prie, répéter, devant ces messieurs, le défi que vous m'avez jeté !....

GRIPPARD.

Avec plaisir ! (*répétant en articulant*) Si jamais vous me voyez dans un bal masqué, ma pupille est à vous ! Je vous la donne pour femme !....

CHARLES, *aux clercs.*

Vous l'avez entendu, tous ?....

LES CLERCS.

Oui ! Oui !...

TROTTMANN, bas à Frédéric.

Ce pauvre M. Charles! ça ne l'avance guère....

GRIPPARD, à Charles.

Etes-vous content?.....

CHARLES.

Oui, Monsieur..... .

GRIPPARD, avec ironie.

Vous n'êtes pas difficile......

FREDERIC, bas à Trottmann.

Ce n'est pas ce vieux loup-là qu'on fera danser!...

GRIPPARD, à ses clercs.

Avez-vous déjeûné?....

TROTTMANN ET FREDERIC.

Non, Mᵉ Grippard.....

GRIPPARD.

Eh bien! allez vous promener.... Je vous donne congé.....

LES CLERCS.

Vivat!....

TROTTMANN, à part.

Le vieux ladre!....

GRIPPARD.

Allez voir les masques... (*à part*) c'est toujours ça de gagné.

TROTTMANN, à part.

Voir les masques.... comme ça vous refait l'estomac!...

GRIPPARD, à Charles d'un ton moqueur.

Monsieur n'a plus rien à me communiquer?

CHARLES.

Non, Monsieur......

GRIPPARD, riant à part, regardant Charles.

Pauvre sot!... il espère me prendre en délit de bal masqué!.. ah! ah, ah!.. Je suis bien tranquille!.. (*à Charles en ricanant*) Au revoir jeune et intéressant mari d'Angélique....en espérance.... pardon, si je ne vous reconduis pas... (*à part*) Je l'éconduis.... ah! ah! ah!... — (*en rentrant dans son cabinet*) Allons déjeûner...

SCENE VI.

LES MÊMES, hormis GRIPPARD.

CHARLES, regardant sortir Grippard.

Il se moque de moi?

TROTTMANN.

Ça me fait cet effet là.....

FREDERIC.

Le vieux renard paraît bien sûr de lui-même...

CHARLES, plus triste.

Je ne vous cache pas, mes amis, que son assurance m'a ôté le peu d'espoir que j'avais......

TROTTMANN.

Allons donc!....

FREDERIC.

Il ne faut jamais désespérer!....

TROTTMANN.

Mais nous oublions que nous avons *campos* pour aujourd'hui!.... filons!...,

(*Les clercs vont pour sortir, Georges entre*).

SCÈNE VII.

LES MÊMES, GEORGES.

GEORGES, en entrant, aux clercs.

Monsieur Grippard?....

3

FREDERIC.

Il est occupé......

GEORGES.

Ah! diable !.....

TROTTMANN.

Il est même très occupé.... il déjeûne....

CHARLES, examinant Georges.

Mais je ne me trompe pas!... Georges!...

GEORGES, se retournant.

Charles !... mon ami !....

CHARLES.

Qu'est-ce donc qui t'amène chez maitre Grippard ?....

GEORGES.

Une affaire qui ne m'est nullement personnelle —
je suis envoyé par certaine dame du grand monde —
qui adore son mari!... et qui plaide en sépara-
tion.... — mais toi...

CHARLES.

Ah ! moi !.. c'est différent !...

GEORGES.

Quel soupir!... tu es amoureux!...

CHARLES.

Tu l'as dit!....

TROTTMANN.

Ça se voit...,.

FREDERIC.

Je ne connais rien de plus insipide qu'un amoureux !....

TROTTMANN.

Oh ! si : deux amoureux !....

GEORGES, à Charles.

Allons, mon ami ! est-on triste, le mardi-gras ?...
garde-ça pour le mercredi des cendres !...

CHARLES.

Tu en parles à ton aise, toi !....

GEORGES.

N'est-ce pas ce soir que Momus nous convie, la
fête sera brillante !.. un bal délicieux !... un souper
idem ! ..

TROTTMANN.

C'est ce que tout le monde dit....

CHARLES.

Ces plaisirs ne flattent plus mon cœur ! Je suis trop
malheureux !....

GEORGES.

Raconte-moi donc la cause de ton chagrin... Il y a
de l'amour sous jeu, c'est connu — mais.....

CHARLES.

M° Grippard pourrait nous entendre !....

GEORGES.

Eh bien ! sortons !... je verrai le procureur un
autre jour !..

TROTTMANN.

Chemin faisant, nous vous raconterons les tribu-
lations de M. Charles !...

GEORGES.

C'est ça !... mettez moi au fait !.. et si je peux lui
être utile, à ce pauvre ami ! (*il lui serre la main*).

CHARLES.

Je doute.

GEORGES.

Peut-être.. qui sait ?.. — Venez !...

Air : *de la **Fille** de Jacqueline.*

Hâtez-vous de m'instruire !...
Amis , je ne puis voir
Un amant qui soupire,
Sans lui rendre l'espoir.

Les autres.

Hâtons-nous de l'instruire !...
Peut-être avant ce soir,
A l'amant qui soupire
Il va rendre l'espoir.

GEORGES.

Hâtez-vous de m'instruire ! etc.

(Ils sortent par le fond.)

SCÈNE VIII.

GRIPPARD (seul , sortant de son cabinet).

Ah !... j'ai bien déjeûné !..., cette Marianne est un sujet précieux ! elle me fait manger d'excellentes côtelettes ! (*regardant autour de lui*) tous mes clercs sont partis ?... ils ne se le sont pas fait dire deux fois, les fainéants !... M. Charles aussi nous a débarrassé de sa présence... — Je ne puis m'empêcher de rire , quand je pense aux prétentions de ce jeune homme... ah ! ah ! ah ! j'ai de bonnes raisons, parbleu ! pour éloigner les prétendans à la main d'Angélique ! si je la mariais, j'aurais des comptes à rendre, et ça ne m'arrangerait pas du tout... mais , c'est un motif de refus que, malheureusement, je ne peux pas avouer... je suis forcé de prendre des prétextes plus ou moins raisonnables... l'essentiel est d'atteindre le but que je me suis proposé, et qui consiste à garder la fortune de cette enfant !.... avec de l'adresse, j'obtiendrai cet heureux résultat !.. mais, qui vient encore ?

SCENE IX.

GRIPPARD, TROTTMANN, (*au fond*).

TROTTMANN, à part.

Acquittons-nous de notre commission... hum !... hum !...

GRIPPARD.

Comment ! c'est toi, petit drôle ?

TROTTMANN.

Oui, patron... (*à part*) les hostilités sont commencées !...

GRIPPARD.

Que viens-tu faire ?...

TROTTMANN.

Vous apporter une lettre...

GRIPPARD.

Une lettre ?...

TROTTMANN.

Oui... c'est un membre du comité de la Société Momus qui me l'a remise, comme je m'en allais...

GRIPPARD, avec humeur.

Momus... Momus... je voudrais bien savoir quel rapport je puis avoir avec M. Momus ?...

TROTTMANN, lui donnant la lettre.

La missive vous l'apprendra, sans doute... (*à part*) j'ai engagé l'affaire !... mais ce n'est qu'une escarmouche d'avant-garde...

GRIPPARD, qui a parcouru la lettre.

Une invitation pour la fête que donne ce soir la Société Momus ?..... Un bal masqué ?.... ah ! ils s'adressent bien, ma foi !... ils ne savent donc pas que le bal est mon antipathie ?...

3.

TROTTMANN.

On m'a chargé de prendre votre réponse...

GRIPPARD.

Ma réponse?... la voici! (*appuyant*) non!... cent fois, non ...

TROTTMANN, à part.

Repoussé avec perte!...

GRIPPARD.

Mais il y a un post-scriptum .. (*lisant*) « après le bal il y aura un souper... » (*s'interrompant*) un souper?... ces messieurs sont fort honnêtes après tout... (*continuant*) « un souper pour lequel on a fait choix des mets les plus succulents, des vins les plus exquis '... »

TROTTMANN, à part.

L'eau lui en vient à la bouche...

GRIPPARD.

Peste!... voilà qui est bien tentant '...

TROTTMANN, à part.

L'ennemi faiblit!...

GRIPPARD, à lui-même.

Ah! s'il était possible d'assister au souper sans aller au bal... mais, il y a clause de rigueur... (*lisant*) « Pour souper, il faut danser... et danser masqué!.. » — (*à lui-même*) il m'est donc de toute impossibilité d'accepter... surtout, après l'espèce de défi que j'ai jeté tout à l'heure à la face de ce jeune homme...

TROTTMANN, à part.

L'ennemi reprend l'avantage...

GRIPPARD, à Trottmann.

Tu prieras ces messieurs de m'excuser, et, tout en les remerciant de leur aimable invitation, tu leur diras que des motifs graves me forcent à refuser l'honneur qu'ils voulaient me faire...

TROTTMANN.

Ça suffit, patron... (*à part*) enfoncée, l'avant-garde.

Air : *Trou, la, la.*

Décampons ! (bis)
Vite en retraite battons !
Décampons ! (bis)
En ligne nous rentrerons.

Si l'avant-garde a perdu
Du terrain bien défendu,
La réserve donnera
Et l'ennemi se rendra.

Décampons ! (bis)
Vite en retraite battons !
Décampons ! (bis)
En ligne nous rentrerons. (*Il sort*):

SCENE X.

GRIPPARD, (*seul.*)

(*relisant la lettre*) « Un souper pour lequel on a fait choix des mets les plus succulents... (*il pousse un gros soupir*) des vins les plus exquis!... (*nouveau soupir*) pour souper il faut danser..... — Voilà l'obstacle '... l'obstacle insurmontable!... et quelque regret que j'éprouve de ne pouvoir prendre ma part de ce joyeux festin, je dois m'applaudir de ma résolution !..... c'est un sacrifice nécessaire !..... (*il réfléchit*).

SCENE XI.

GEORGES, GRIPPARD.

GEORGES, au fond, à lui-même.

À mon tour !...

GRIPPARD, se retournant, et apercevant Georges, à part.

Un jeune homme ?... (*haut*) qu'y a-t-il pour votre service, monsieur ?

GEORGES.

C'est moi, monsieur, qui ai eu l'honneur de vous voir, relativement au procès de madame Muller...

GRIPPARD, le considérant.

En effet... je me rappelle..

GEORGES.

Mais ce n'est point cette affaire qui m'amène aujourd'hui... — Vous saurez, monsieur, que je suis membre de la *Société Momus*...

GRIPPARD.

Ah ! Ah !...

GEORGES.

Le comité, qui désirait ardemment vous compter au nombre de ses joyeux disciples, a été on ne peut plus peiné de la réponse que vous lui avez faite...

GRIPPARD.

Je suis moi-même très contrarié de ce refus... que les circonstances m'ont dicté... mais... il m'était complètement impossible d'accepter...

GEORGES.

Momus, qui espère changer votre résolution, m'a député vers vous, pour vous engager à révoquer une décision si préjudiciable à nos plaisirs. .

GRIPPARD.

Monsieur *Momus* est bien bon, mais...

GEORGES.

Réfléchissez donc ! (*appuyant*) un souper... splendide !...

GRIPPARD.

Je sais bien... mais... un bal. . et un bal masqué encore !... oh !...

GEORGES.

Des faisans dorés... aux truffes !...

GRIPPARD, vivement.

Il y aura des faisans dorés... aux truffes?... (*à part*) moi qui les aime tant!...

GEORGES.

Et puis, des pâtés de foie gras !...

GRIPPARD.

Des pâtés de... (*comme quelqu'un qui craint de succomber à la tentation*) assez !...

GEORGES, continuant.

Des ortolans.

GRIPPARD.

Assez !....

GEORGES.

Du Champagne !....

GRIPPARD.

Assez !....

GEORGES.

Du Madère !....

GRIPPARD.

Assez !.. Assez !....

GEORGES.

Du Malaga !....

GRIPPARD.

Assez !.. Assez !.. Assez! (*à part*) pourquoi diable ai-je fait cette espèce de pacte?.... Si ce n'était que ma propre aversion pour les bals masqués, je pourrais peut-être la surmonter... en considération des faisans dorés... aux truffes...

GEORGES, à part.

Il hésite!.. frappons le dernier coup!.. (*haut*) D'ailleurs si c'est la crainte d'être reconnu qui vous arrête! je puis vous assurer que personne ne vous reconnaîtra !....

GRIPPARD.

Vraiment! et comment cela ?....

GEORGES [à part].

Il n'y a plus que ce moyen!... (*haut et d'un air de confidence*). Ce que je vais vous confier, c'est... entre nous!...

GRIPPARD.

Soyez tranquille !....

GEORGES.

Apprenez que.... nous serons tous *masqués !..*

GRIPPARD.

Tous?

GEORGES.

En ours!...

GRIPPARD.

En ours?... Voilà un singulier déguisement pour des disciples de *Momus !...*

GEORGES.

Eh bien! qui vous empêche de faire comme nous?..

GRIPPARD.

Comment! vous voulez que je me mette *en ours* ?...

GEORGES.

Pourquoi pas ?...

GRIPPARD.

Un procureur... en ours!... (*à part*). Le fait est que ce Charles serait bien malin s'il me découvrait... en bête!...

GEORGES , à part.

Il se consulte !....

GRIPPARD.

Mais je fais une réflexion.... pour souper, il faudra se démasquer.... et alors....

GEORGES.

Du tout!.. les costumes d'ours ont une ouverture pratiquée sous le menton.... de sorte qu'il est très facile de souper sans ôter *sa tête...*

GRIPPARD.

Vous êtes bien sûr qu'on peut manger et boire... avec *sa tête* ?

GEORGES.

Parbleu!... — Et puis, c'est une convention entre nous... Celui qui se démasquera, ne soupera pas.....

GRIPPARD.

Vous m'en direz tant....

GEORGES, vivement.

Vous acceptez?.....

GRIPPARD, à lui même.

Du Champagne... du Malaga... ma foi, j'ai bien envie.... et pourtant, je crains....

GEORGES.

Comment diable voulez-vous qu'on vous reconnaisse, quand vous serez en ours?....

GRIPPARD.

C'est vrai.... toute réflexion faite... je n'irai pas...

GEORGES, à part.

Ah! mon Dieu!.....

GRIPPARD, continuant.

Me priver d'un bon repas.. ..

GEORGES, à part.

Je respire!...

GRIPPARD.

Je vais dire à Marianne de m'aller chercher... le *déguisement* en question..... puisque c'est *l'uniforme* des convives de *Momus*....

GEORGES, avec joie.

Enfin (*à part*) je le tiens!

GRIPPARD.

Mais, n'allez pas me trahir!.....

GEORGES.

Oh!

GRIPPARD, lui serrant la main.

A ce soir!...

GEORGES.

A ce soir!...

GRIPPARD.

Air *de Strauss*.

Discrétion !

GEORGES.

Discrétion !

GRIPPARD.

Cachez mon nom.

GEORGES.

Pas de soupçon

GRIPPARD.

Discrétion !

GEORGES.

Discrétion !

Telle est ma loi !

GRIPPARD.

Comptez sur moi !

(La musique continue en sourdine, jusqu'à la fin du tableau. — Grippard rentre dans son cabinet. Georges va pour s'éloigner par le fond ; il trouve à la porte Charles, Trottmann et Fréderic qui épiaient la sortie de Grippard.)

SCÈNE XII.

GEORGES, CHARLES, TROTTMANN et FRÉDERIC.

CHARLES, vivement, à Georges et à voix basse.

Eh bien ?...

GEORGES.

Il viendra !...

TOUS.

Vivat !...

GEORGES.

Chut !...

TOUS.

Chut !...

(*Le rideau tombe. — Fin du 1ᵉʳ tableau.*)

DEUXIÈME TABLEAU.

Le théâtre représente une salle préparée pour un bal. Partout des lustres, des candélabres chargés de bougies, partout des guirlandes, des fleurs, etc. etc.

SCÈNE. I.

GEORGES, WERNER, HERMANN.

(Tous trois en habit de ville.)

GEORGES.

Oui, mes amis ! ce pauvre Charles se désolait !

WERNER.

Ecoutez donc, ils s'aiment, ces enfants...

GEORGES.

Le procureur Grippard lui avait dit : si jamais vous me voyez au bal masqué, ma pupille est à vous.

HERMANN.

Le défi était hardi !...

GEORGES.

Que fallait-il ?... que Grippard vînt au bal !.. et il viendra.

WERNER.

En vérité ?...

GEORGES.

Je lui ai tendu un piège !...

HERMANN.

Il se pourrait !...

GEORGES, riant.

Imaginez-vous que je lui ai fait accroire que nous serions tous en ours à la fête de Momus !

WERNER.

En ours ?...

HERMANN.

Quelle folie !...

GEORGES.

Et pour assister au bal, sans être reconnu....

HERMANN.

Le cher procureur se mettra....;

GEORGES, riant.

En ours!... vous l'avez dit...

WERNER, riant.

C'est délicieux!..

HERMANN, de même.

C'est impayable!...

GEORGES.

Voyez-vous d'ici maître Grippard, arrivant dans sa peau... d'ours, avec la ferme conviction qu'il ne trouvera ici que des *confrères-ours*, et tombant au milieu d'un essaim de jolis dominos roses, bleus, lilas...

TOUS LES TROIS, riant.

Ah! ah! ah!

HERMANN.

C'est un divertissement de plus pour notre soirée!...

GEORGES.

Mes amis, chargez-vous de faire circuler la nouvelle dans le bal.

WERNER.

Je n'y manquerai pas!....

SCENE II.

Les mêmes, CHARLES (*en habit de ville*),

GEORGES.

Eh! arrive donc, Charles!...

CHARLES, préoccupé.

Ah! c'est vous!... mes bons amis?

HERMANN.

Nous parlions de vous, M. Charles...

WERNER.

Et de la mystification qui doit assurer votre bonheur.

CHARLES.

Ah! je n'ose espérer... M. Grippard ne viendra pas...

GEORGES, gaiement.

Les amoureux, ordinairement, ne doutent de rien... eh bien! celui-ci doute de tout!...

CHARLES.

Je suis si malheureux depuis quelque temps...

GEORGES.

Raison de plus!...

HERMANN.

La chance va tourner!...

WERNER.

Sans doute!...

GEORGES.

La fête ne tardera pas à commencer!...

HERMANN.

Les préparatifs sont terminés...

GEORGES, regardant la décoration de la salle.

Savez-vous qu'il est resplendissant, le palais de Momus...

WERNER.

Mais il serait temps d'aller nous préparer à notre tour...

GEORGES

En effet!... à bientôt, Charles!... Espoir et courage...

Air : *de Contredanse.*
Mêlons-nous à ces mascarades
Qui bientôt vont prendre leur cours;
Le mardi-gras, chers camarades,
Hélas! ne vient pas tous les jours.

TOUS.

Mêlons-nous à ces mascarades etc.

(*Ils sortent*).

SCENE III.

CHARLES *seul.*

Espoir et courage?.. C'est facile à dire... Le tuteur d'Angélique est si rusé!... Moi, aussi, j'ai cru, un instant, à la possibilité de l'attirer dans une embûche... Mais ce rayon d'espérance s'est aussitôt évanoui.... (*Il réfléchit*).

SCÈNE IV.

CHARLES, TROTTMANN ET FRÉDÉRIC (*déguisés à volonté, mais masque à la main*).

TROTTMANN, accourant.

M. Charles!.. M. Charles!..

CHARLES.

Qu'y a-t-il?

TROTTMANN.

Nous accourons vous annoncer que notre ruse de guerre est en bon chemin...

CHARLES.

Comment cela?

FRÉDÉRIC.

Nous venons de rencontrer Marianne...

TROTTMANN.

Vous savez bien... Marianne, la gouvernante de maître Grippard?

CHARLES.

Eh bien !..

TROTTMANN.

Elle tenait une tête!

FRÉDÉRIC.

Et une peau !..

TROTTMANN.

D'ours !..

FRÉDÉRIC.

Qu'elle portait...

TROTTMANN.

A son loup de maître!

CHARLES, avec joie.

Il serait possible?

FRÉDÉRIC.

C'est bon signe, hein?

CHARLES.

Oh! ce serait trop beau!..

TROTTMANN.

Trop beau?... C'est à dire qu'il serait très laid comme ça...

FRÉDÉRIC.

Mais les invités arrivent!...

TROTTMANN.

Oh! quels riants costumes!

FRÉDÉRIC.

Quelle jolie macédoine... de masques!....

SCÈNE V.

LES MÊMES, MASQUES DE TOUTES ESPÈCES.

CHŒUR.

Air: *Valse de Robin des Bois.*

Dans ces lieux où la gaîté brille,
Nous sommes certains d'être admis.
On fête Momus en famille
Et nous sommes de ses amis.

TROTTMANN.

La consigne est qu'on introduise
Tous ceux que le plaisir conduit,
Car Momus a pris pour devise:
Plus on est de fous, plus on rit!

CHŒUR.

Dans ces lieux où la gaîté brille, etc.

GEORGES, en domino bleu (1) bas à Charles.

Eh bien !...

CHARLES, qui pendant le chœur est allé passer un domino vert.

Notre homme ne paraît pas !...

GEORGES, bas.

Il est encore de bonne heure...

[Musique en sourdine. — Des contredanses se forment pendant ce qui suit.]

WERNER, déguisé, bas à Georges.

Tout le monde est prévenu...

GEORGES, bas à Werner.

C'est bien !...

HERMANN, déguisé, bas à Georges.

Chacun se fait une fête de la mystification...

GEORGES, bas à Hermann.

A merveille !...

CHARLES, à ses amis.

Oh! Grippard ne viendra pas !...

GEORGES.

Allons ! vas-tu recommencer?

CHARLES.

Après réflexion, il aura vu le piége, et... (*Un cri d'effroi se fait entendre. — Il est bientôt suivi de bruyants éclats de rire. — Un ours est tombé, comme une bombe, au milieu de la contredanse, et est venu rouler aux pieds des danseurs*).

SCÈNE VI.

Les mêmes, GRIPPARD (*déguisé en ours noir.*)

CHARLES, avec joie à ses amis.

C'est lui!

(1) Georges, Charles et les autres personnages déguisés, ont, en parlant, leur masque à la main. — Grippard seul ne quittera sa tête d'ours qu'à l'endroit indiqué.

GEORGES, *bas.*

Que t'avais-je dit?

CHARLES.

Quel bonheur!...

GEORGES, *bas.*

Chut!... de la prudence !....

CHOEUR.

Air: *Viendras-tu pas, toi?*

C'est vraiment
Charmant!
Ce masque
Fantasque,
Sous notre soleil,
N'a pas son pareil!

GRIPPARD, *regardant autour de lui, à part.*

Je ne découvre pas le moindre ours... Qu'est-ce que ça signifie?

(*Tout le monde entoure l'ours*).

GEORGES, *en montrant Grippard, d'un ton goguenard.*

Oh! Messieurs! le joli masque!

WERNER *de même.*

Le charmant déguisement !...

TOUS *de même.*

Le délicieux costume !...

GEORGES *bas à Grippard.*

Vous êtes admirable !... parole d'honneur...

GRIPPARD *bas à Georges.*

Mais, que m'aviez-vous donc dit... que vous seriez tous en ours... et....

GEORGES *bas.*

Les ours vont venir !...

GRIPPARD, *bas.*

A la bonne heure !...

GEORGES , à la société.

Messieurs, ce gai convive ne serait pas satisfait,
si, pour mériter l'honneur de s'asseoir à votre table,
il ne déployait ses petits talents !...

GRIPPARD , bas à Georges.

Qu'allez-vous faire ? (*à part*) Je suis fâché d'être
venu à ce bal !...

GEORGES , sans l'écouter.

Messieurs ! cet animal va danser !...

TOUS , avec joie.

Danser !... oh !...

GRIPPARD , bas à Georges avec humeur.

Y pensez-vous ?

GEORGES , bas à Grippard.

C'est pour mieux éloigner les soupçons !... (*à la
société*) Faites le cercle, Messieurs !... (*à Grippard*)
Debout, Martin !...

GRIPPARD, bas à Georges.

Comment ! vous voulez faire danser l'ours !

GEORGES, bas à Grippard.

Dansez ! ou je vous appelle par votre nom !...

GRIPPPRD , à part.

Dans quel guêpier suis-je tombé ?... Ah ! je suis
bien fâché d'être venu à ce bal !...

GEORGES.

Allez ! la musique !...

(Pendant le chœur qui suit, Grippard danse à la manière des
ours. Georges a pris un bâton et le fait tourner tout autour
de la salle).

CHOEUR.

AIR : *Viendras-tu pas, toi ?*
C'est vraiment
Charmant !
Ce masque
Fantasque ,
Sous notre soleil,
N'a pas son pareil.

GRIPPARD , à part, tout en dansant.
Etre au bal,
Ah ! c'est mal !..,

GEORGES, bas aux autres, en riant.
Cela le démonte !..

GRIPPARD, à part.
Je l'avoue à ma honte,
Je suis un animal !..

(Coup de bâton, il grogne et se remet à danser.)

CHOEUR.
C'est vraiment
Charmant ! etc.

GRIPPARD, se laissant tomber, à part.

Ah ! je n'en peux plus !... que je juis donc fâché d'être venu à ce bal !...

GEORGES, bas à ses amis

Je crois qu'il est temps de lui arracher le masque !...

LES AUTRES, bas.

Oui ! oui !

GEORGES, à haute et intelligible voix,

Savez vous que vous dansez admirablement la Polka des Ours, maître Grippard ?

TOUS, lui criant aux oreilles.

Maître Grippard !...

GRIPPARD, avec colère.

Je suis pris au trébuchet !...

CHOEUR en riant.
Au *du baiser au porteur.*
Ah ! ah ! la plaisante avanture
D'honneur !...
Notre cher procureur
Doit faire bien sotte figure !..
Sous sa peau
Qu'il doit être beau
Oh ! oh ! oh ! oh!
Qu'il est donc beau! } bis

GEORGES, bas à Charles, en le poussant.

A ton tour !...

GRIPPARD.

C'était un horrible piége... (*furieux, jetant sa tête au loin*) damnation !...

CHARLES, s'approchant de Grippard et articulant chaque mot.

Monsieur Grippard, vous rappelez vous ce défi

que vous m'avez jeté au visage ?... Si jamais vous me voyez au bal masqué, m'avez vous dit, mapupille est à vous ! je vous la donne pour femme !...

GRIPPARD.

J'enrage !...

CHARLES.

Il n'y a pas à s'en dédire !... Ces paroles solennelles ont été prononcées devant témoins ! .. Approchez, mes témoins ?...

Trottmann et Frédéric s'avancent.

GRIPPARD, à ses clercs, avec rage.

Comment ! drôles, vous osez soutenir...

TROTTMANN et FRÉDÉRIC, appuyant.

Oui ! oui ! oui ! patron !...

GRIPPARD, à part.

J'étouffe !... les pendards !... pendant six semaines, je ne leur donnerai que du pain sec... trempé dans de l'eau !

GEORGES.

Ce qu'il y a de positif, maître Grippard, c'est que vous êtes battu !...

TROTTMANN.

Et à plates coutures !...

GRIPPARD, menaçant Trottmann.

Te tairas-tu, petit brigand !.. (à *Charles avec effort.*) Allons.... puisque j'y suis forcé...Ma pupille est à vous.

TOUS, avec joie.

Ah !... Vive M. Grippard !...

TROTTMANN, après tous les autres.

Vive l'ours !...

CHARLES, avec bonheur et sautant au cou de Georges.

Ah ! mon ami !... que je te remercie !...

GRIPPARD.

Si jamais on me rattrape à faire la bête !...

TROTTMANN.

C'est égal... le patron est devenu bon enfant... il a fait peau neuve....

GEORGES.

Maintenant que la fête recommence !...

GRIPPARD, à part.

Je souperai !... c'est toujours un dédommagement...

GEORGES, au fond, à haut voix.

Messieurs ! place à Momus !... je l'aperçois, armé de sa marotte !...

TROTTMANN, à part

A propos de marotte, et moi qui n'ai pas encore trouvé le second vers de ma chanson... (*chantant.*)

« Momus, sa marotte à la main, »

GEORGES.

Il vient présider à nos jeux !...

SCÈNE VII.

Les mêmes, MOMUS.

Momus paraît au milieu de son palais. — Les masques se rangent à droite et à gauche.

CHOEUR.

AIR : *de la marche du Calife.*

Sujets de ton empire,
Nous mêlons nos accords.
Que cet heureux délire
Te montre nos transports !...

MOMUS.

Ici de la folie
Je donne le signal !...
Que toute notre vie
Soit un long carnaval !...

CHOEUR.

Sujets de ton empire, etc.

GEORGES.

Momus, tes joyeux disciples ont fait aujourd'hui deux heureux !...

MOMUS.

C'est un titre de plus à ma sollicitude pour eux !... faire des heureux en s'amusant, c'est doublement honorer le temple de Momus !....

VAUDEVILLE FINAL.

MOMUS.

Air : *Vaudeville de Fanchon.*

Momus, sur sa marotte,
Jure d'en prendre note !
Point de bienfaits perdus !
S'il nargue la sottise,
Les opprimés sont ses élus !...
  Que ce soit la devise
  Des enfants de Momus !   } *Bis en chœur.*

CHARLES.

Critiquer sans licence,
Rire sans conséquence,
Chansonner les abus,
Se piquer de franchise,
Au talent payer des tributs ...
  Amis, c'est la devise
  Des enfants de Momus.   } *Bis en chœur.*

TROTTMANN.

D'une lourde férule
 Frapper le ridicule,
 Honorer les vertus,
 Flageller la bêtise,
Chanter l'amour, fêter Bacchus. ..
  N'est-ce pas la devise
  Des enfants de Momus ?   } *Bis en chœur.*

GEORGES.

S'aimer et vivre en frères,
 Voir de nos sanctuaires
Les traîtres, les méchants exclus,
 De l'amitié conquise
Toujours respecter les statuts !...
  Que ce soit la devise
  Des enfants de Momus !   } *Bis en chœur.*

MOMUS.

Au public.

Soit qu'on entre ou qu'on sorte,
Amis, faisons en sorte
Qu'on s'écrie : en chorus,
« Puisqu'ici l'on ne vise
»Qu'à charmer nos moments perdus.
  » Eh! vive la devise
  » Des enfants de Momus! »   } *Bis en chœur.*

FIN.